AF465463

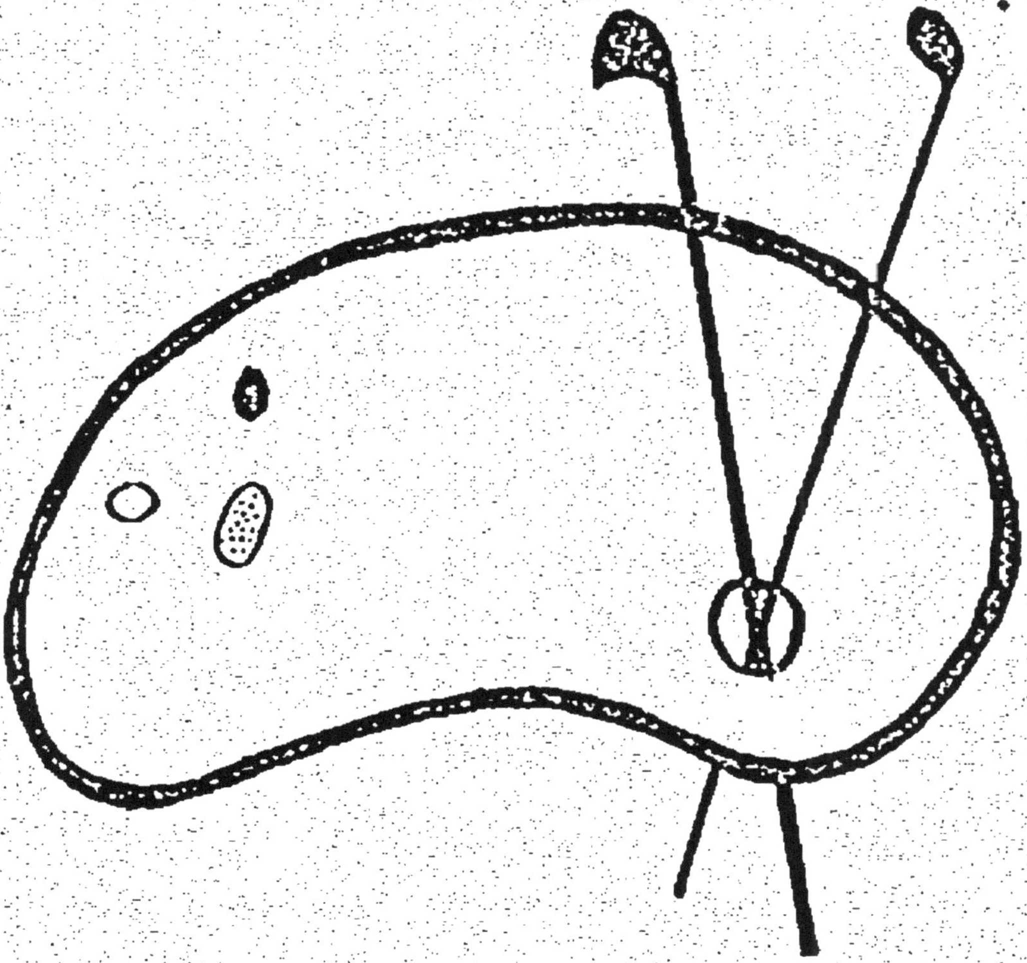

GUSTAVE

OU

LA PROPRIÉTÉ ET LE TRAVAIL

PAR

UN AMI DE LA JEUNESSE

Approuvé à l'unanimité par la Société des Instituteurs
et des Institutrices de Marseille
et du département des Bouches-du-Rhône en séance générale
du 23 juillet 1876.

Par M. Henri **FABRE**
docteur ès-sciences correspondant du Ministère de l'Instruction publique

et par M. **MAURIN**
inspecteur primaire d'Avignon.

8e EDITION

AVIGNON
IMPRIMERIE SEGUIN FRÈRES
RUE BOUQUERIE, 13

1882

DÉDICACE

Cher Gustave,

Reçois la dédicace de ce livre, avec le même bonheur que je te l'offre.

C'est un hommage que rend ma tendresse fraternelle à ta docile affection, qui ne s'est jamais démentie, depuis notre enfance.

Tu reconnaîtras, dans ce petit livre, plusieurs traits de ta laborieuse existence.

Puisse ton exemple servir de modèle aux jeunes lecteurs, auxquels je consacre ce modeste ouvrage, et faire fructifier dans leurs âmes les principes moralisateurs dont tu as su si bien faire, toi-même, l'heureuse application !

Ton frère :

BENJAMIN.

APPRÉCIATION

de M. H. Fabre, *docteur ès-sciences, correspondant du Ministère de l'Instruction publique*

Monsieur,

J'ai parcouru avec satisfaction votre petit écrit sur la *Propriété* et le *Travail*.

Nos jeunes gens des Écoles primaires trouveront là, je le crois, lecture intéressante et profitable.

Je souhaite à votre publication un succès en rapport avec l'importance des questions traitées.

Agréez, Monsieur, l'assurance de ma parfaite considération.

Signé : J. H. Fabre.

Orange, 24 août 1874.

APPRÉCIATION

de M. MAURIN, *inspecteur primaire d'Avignon*

Monsieur,

J'ai parcouru avec intérêt votre manuscrit. La propriété, le travail et l'épargne, bases de la famille et de la société, ne sauraient être assez comprises par les élèves de nos écoles ; vous leur rendez un service véritable, dont ils tireront profit toute leur vie, en mettant à leur portée les principes sur lesquels repose l'existence de tout ordre social.

La forme dialoguée, que vous avez adoptée, plaît aux enfants et donne à l'instituteur le moyen de faire prendre dans la lecture le ton de la conversation.

Le style clair, simple, châtié du livre, convient très-bien aux enfants de nos écoles, et vous justifiez, par le fond comme par la forme, l'épithète : *par un Ami de la Jeunesse.*

L'Inspecteur primaire d'Avignon,

Signé : MAURIN.

Avignon, 27 août 1874.

APPROBATION

de la Société des Instituteurs et Institutrices de Marseille et du département des Bouches-du-Rhône

Monsieur,

J'ai l'honneur de vous annoncer que, dans sa séance du 23 juillet dernier, et sur le rapport de l'un de ses membres, la Société des Instituteurs et Institutrices de Marseille et du département des Bouches-du-Rhône, a approuvé votre ouvrage intitulé : « *Gustave, ou la propriété et le travail*, par un Ami de la Jeunesse. »

Parvus mole, ingens sensu ! « petit livre d'une grande importance : » telle est mon opinion sur votre livre.

C'est vous dire que je suis convaincu qu'il rendrait un véritable service aux jeunes gens de nos écoles, si on le leur donnait en lecture.

Recevez, Monsieur l'assurance de ma parfaite considération.

Le Président de la Société des Instituteurs et Institutrices de Marseille,

Signé : ROLAND.

Marseille, 27 septembre 1876.

GUSTAVE

OU

LA PROPRIÉTÉ ET LE TRAVAIL

CHAPITRE I.

HISTOIRE DU LABORIEUX GUSTAVE

Quelques familles laborieuses et honnêtes étaient un jour réunies sur les bords de la Méditerranée, à Lestaque, village de pêcheurs.

Elles venaient y faire respirer à leurs enfants l'air pur et fortifiant de la mer, et puiser dans ses eaux vivifiantes la vigueur et la santé.

Par une de ces soirées d'été, où la lune éclaire la plage de ses rayons argentés et où les innombrables étoiles scintillent à la fois et dans les hauteurs des cieux et dans les profondeurs des abîmes, nos familles amies s'étaient livrées aux doux balancements de la nacelle et voguaient gaiement sur la plaine liquide, dont les flots cadencés et tranquilles étaient accompagnés par les chants joyeux de nos timides navigateurs.

Parmi eux, se trouvait un négociant, jouissant d'une modeste fortune, qu'il employait à rendre heureux sa femme, ses deux charmantes filles et son cher fils.

Gustave était son nom.

Partageant son temps entre ses quatre êtres bien-aimés et son commerce, il vivait content.

Il augmentait son bonheur en se procurant la joie d'être utile à tous les siens.

Il n'était jamais sourd, non plus, à la voix du malheureux. Il aimait surtout à encourager et à soutenir les jeunes travailleurs. Quand il remarquait dans son voisinage, un enfant studieux, il le stimulait par de bons conseils, par des récompenses, et, s'il était pauvre, par de larges secours.

Il s'attachait également aux ouvriers qu'il exhortait à s'appliquer au travail, en leur faisant comprendre qu'ils possédaient, dans leurs outils, les instruments de leur future aisance et de leur bien-être.

Il leur parlait par expérience, car lui-même n'avait pas toujours été à son aise.

Il avait eu pour père un homme de cœur et de bien, mais peu favorisé par la fortune, et gagnant péniblement le pain de ses huit enfants.

Gustave, avec ses frères et sœurs, n'avaient jamais souffert de la misère, grâce aux efforts et aux sacrifices de leur bon et noble père, de leur incomparable mère ; mais il avait passé par des épreuves qui avaient mûri son intelligence, qui l'avaient porté de bonne heure aux idées sérieuses, aux idées de travail, d'économie, de devoir, de vertu.

Il avait été surtout soutenu dans la voie du bien par un de ses frères aînés, qui n'avait cessé d'être pour lui un guide, un protecteur, un inspirateur.

Docile à ses conseils, il s'était mis au travail avec ardeur, avait appris un métier, tout en se livrant à l'étude, pour former son esprit, consacrant à son instruction ses heures de loisir, heures que l'ouvrier n'emploie que trop souvent à contracter des vices qui le dégradent et qui le perdent.

D'abord, ouvrier tailleur, il renonça à un labeur ingrat, qui, de longtemps, ne lui eût permis de venir en aide à ses parents infortunés, et, sous l'impulsion du frère dont la voix était par lui toujours écoutée, il essaya d'utiliser ses connaissances acquises. Il leur dut bientôt son pain avec celui d'une sœur veuve, mère de deux enfants, à laquelle il se dévouait d'une manière admirable.

Il vit son dévouement fraternel béni ; peu à peu sa position s'améliora ; de nouveaux labeurs lui valurent de nouveaux succès ; il acquit une instruction sérieuse qui le rendit capable d'instruire, à son tour, les enfants d'autrui. Gustave devint instituteur.

Il ne fut pas un instituteur vulgaire. Il obtint dans sa nouvelle carrière toutes les distinctions, toutes les récompenses qu'il put ambitionner; mais la plus grande de toutes, la plus précieuse à ses yeux, ce fut la confiance des familles.

Plus d'une lui livra l'éducation de son fils. Il excella dans cet art si difficile de former des hommes, et s'y consacra durant dix années entières, après lesquelles, fatigué par un travail trop pénible, il fut contraint, par sa santé ébranlée, de renoncer à sa mission,

Ses labeurs, ses économies, sa sobriété, secondés par les vertus domestiques de la digne compagne qu'il avait unie à son sort, lui avaient formé un fonds suffisant pour entreprendre avec son frère aîné, un grand commerce. C'est ce commerce qui, dirigé avec prudence, activité et intelligence, prospère de jour en jour, et lui permet de vivre content au sein de sa famille, dont l'affection le rend heureux, et avec laquelle il se réjouit de partager les agréments et les douceurs du repos annuel.

C'est au milieu de ces innoncents plaisirs, que nous le trouvons naviguant sur un gracieux esquif et devisant, avec ses amis, de toutes choses, et surtout de choses sérieuses et utiles.

En revenant de leur promenade nocturne, où ils s'étaient rencontrés avec de pauvres pêcheurs, allant toute la nuit sur la mer, et s'efforçant de prendre au filet la proie qui doit procurer le pain du foyer, Gustave et ses amis s'assirent tristement sur la plage. Ils songaient au sort de ces rudes travailleurs qui, pour vivre, passaient toutes leurs nuits sur une frêle barque, bravant souvent la tempête, souvent exposés à être engloutis par les flots et à voir périr, avec eux, l'unique soutien de leurs femmes et de leurs enfants.

Nos amis s'applaudissaient de leurs destinées meilleures. Chacun deux avait pu, sans péril, à l'aide seulement d'un travail assidu, acquérir une position indépendante, et devenir possesseurs de modestes propriétés.

Dans leur compagnie, pourtant, se trouvait un mécontent : c'était Guillaume, une des connaissances d'enfance de Gustave. Celui-ci l'avait invité, ce jour-là, à partager avec lui, ce qu'il appelait une partie de plaisir.

Guillaume était un homme égaré. S'écartant des principes qui avaient dirigé Gustave, il avait méconnu le prix du travail, de l'instruction, de l'ordre, de l'économie. Aussi n'avait-il jamais réussi dans aucune de ses entreprises, et était-il arrivé à l'âge de quarante ans sans avoir acquis la moindre position sociale. Il vivait au jour le jour, péniblement, obligé souvent de recourir à la bourse d'autrui. Celle de Gustave était, plus d'une fois, mise par lui à contribution. Gustave la lui ouvrait sans cesse, sans lui ménager, toutefois, ses exhortations. Il l'engageait à réparer les erreurs de sa jeunesse, à se livrer à un travail assidu, à renoncer aux vices que la paresse lui avait fait contracter, vices qui dévoraient le fruit de son travail peu soutenu et qui le tenaient constamment dans la gêne et la souffrance.

Guillaume promettait toujours de revenir à de meilleures habitudes; mais il retombait toujours dans sa paresse invétérée, source pour lui d'ennuis, de mécontentement, et cause de ses plaintes continuelles contre les injustices du sort.

Ce soir-là, plus que jamais, Guillaume fut violent dans ses invectives contre les heureux du monde, à la vue des pénibles labeurs des habitants des côtes qui ne vivaient que du produit de la pêche, travail ingrat, souvent funeste.

La conversation se prolongea bien avant dans la nuit; elle fut aigre et vive entre Guillaume et les autres amis de Gustave; elle eût peut-être dégénéré en querelle, si Gustave ne fût intervenu paisiblement, et n'eût employé son influence sur Guillaume pour le calmer et le ramener à la raison.

On se retira bons amis, et chacun alla goûter un peu de repos jusqu'au matin.

Gustave seul ne dormit point. Les attaques que Guillaume avait lancées contre la propriété, l'avaient affligé, d'autant plus que plusieurs de ses anciens élèves assistaient à cet entretien. Il craignait, avec juste raison, que de jeunes intelligences ne fussent fâcheusement impressionnées par des arguments erronés et dangereux. Il résolut dans sa sollicitude pour ses anciens élèves, de ne pas les laisser partir sans leur rappeler la conversation de la veille et sans les pénétrer profondément de la légitimité de la propriété, et de l'efficacité, des bienfaits du travail. Il réfléchit jusqu'au point du jour aux moyens qu'il emploierait pour réussir dans sa tâche. Dès l'aube, il fut sur pied, réveilla ses jeunes amis, les invita à une promenade matinale sur la mer, qui semblait, elle aussi, sortir de son immense sommeil, sous les brouillards qui obscurcissaient son éclat, mais que dissipèrent bien vite les premiers rayons de l'astre du jour.

Les jeunes gens avaient accepté l'invitation avec un plaisir extrême. Ils s'étaient promptement arrachés à leurs couches, qu'en d'autres circonstances, ils n'eussent pas quittés si volontiers. Mais la joie d'aller naviguer, à pleines voiles, sur la plaine liquide, d'en fendre, à coups de rames, les flots dociles et soumis, de marcher paisiblemect sur ses abîmes, d'en contempler sans péril les mystérieuses et terribles profondeurs ; la joie, aussi, d'admirer, à son lever, le flambeau de la nature, le soleil, qui, majestueux et splendide, semble sortir peu à peu des ténèbres de la nuit ; ces joies inexprimables, qui remplissent l'âme qui sait les éprouver, d'un incomparable bien-être, attiraient nos jeunes admirateurs de la nature, formés par leurs maître à en comprendre les éternelles beautés.

On fut bientôt sur la nacelle ; chacun y prit sa place ; on fit le cercle autour de Gustave, qui, après avoir donné au nautonnier l'ordre de se mettre en mouvement, reprit, pour quelques moments, son ancienne attitude de maître, et s'adressa aux jeunes gens, d'un ton paternel à la fois et sévère, en ces termes :

— Mes jeunes amis, ce n'est pas seulement pour vous faire contempler cette belle nature, que je vous ai enlevés de si bonne heure à votre sommeil ; j'ai voulu vous parler, sans témoin, afin de vous parler plus à l'aise, et de vous prémunir contre les danger du langage que vous avez entendu cette nuit.

— Le langage de M. Guillaume ! s'écria Félix.

— Précisément, mon ami ; il a dû vous étonner tous, mes enfants.

— J'en ai été indigné ! dit Raoul ; à entendre ce monsieur-là, il semble que tous ceux qui ont des propriétés sont des voleurs !

— Il semble aussi, dit à son tour Georges, que le travail est inutile, et que le bien arrive en dormant.

— Il paraît, dit malicieusement Jacob, qu'il n'arrive pas ainsi à tout le monde, puisque M. Guillaume ne travaille jamais et qu'il est pauvre comme Jacob.

— Quand je vais à mon atelier, dit enfin Marcel, je le vois presque toujours fumant sa pipe sur le boulevard, ou assis sur la porte d'un café.

— Mes amis, reprit Gustave, si Guillaume était laborieux, il serait moins pauvre et par conséquent plus content; connaissant le prix du travail, il en économiserait mieux les fruits, il amasserait des épargnes, il deviendrait à son tour propriétaire et il crierait moins contre ceux qui le sont.

Mais laissons M. Guillaume crier tant qu'il voudra, puisqu'il est incorrigible, et occupons-nous de nous-mêmes.

J'ai craint que ses paroles ne fussent dangereuses pour vous, mes amis. Bien que par mes leçons, je vous aie souvent prémunis contre les entraînements d'un pareil langage, on ne l'écoute jamais impunément quand on est jeune, il peut jeter quelque trouble dans les esprits.

Je me serais reproché de vous avoir

laissés sous une fâcheuse impression. Aussi vous ai-je invités à cette promenade matinale, afin de vous démontrer de la façon la plus complète, combien la propriété est légitime, naturelle, nécessaire, et combien le travail est obligatoire et sacré !

Mais avant de nous livrer à cette utile démonstration, rendons hommage, mes enfants, à notre céleste père, à notre divin Créateur, qui nous a imposé le travail comme une loi sacrée, et qui nous y fait trouver notre force, notre consolation.

Demandons-lui, à ce Dieu tout-puissant, de bénir nos labeurs et nos familles, de nous inspirer toujours des résolutions honnêtes et généreuses, afin que ce soleil splendide qui se lève, à cette heure, à l'horizon, et qui, chaque jour, nous éclaire, ne soit jamais témoin d'une mauvaise action accomplie par nos mains.

Gustave se recueillit quelques moments. Ses jeunes compagnons en firent de même. Ils prièrent tous avec ferveur.

Leur prière achevée, Gustave interompit leur religieux silence et leur dit :

Nous allons donc aborder, mes amis, les grandes questions de la propriété et du travail, que Guillaume a soulevées cette nuit, et dont il a parlé avec si peu de bon sens.

Je tâcherai de vous les définir de la façon la plus simple, la plus logique, la plus facile à comprendre ; mais si vous trouviez dans mes explications quelque chose d'obscur ou d'incomplet, ne vous gênez pas, mes enfants, faites comme lorsque nous étions à l'école, interrogez-moi sans hésiter, interrompez-moi sans crainte ; je vous serai reconnaissant de me fournir les moyens de vous convaincre de la vérité de mes paroles.

— Nous profiterons de la permission, s'écrièrent ensemble les cinq jeunes gens, avides de s'instruire et désireux de pouvoir, à l'occasion, répondre victorieusement à Guillaume ou à ceux qui lui ressemblent.

CHAPITRE II

La Propriété

— La propriété, leur dit alors M. Gustave, c'est le droit, que nous avons tous, de jouir librement de ce qui nous appartient, des choses que nous avons légitimement acquises, comme de celles que nous avons légitimement reçues.

Ce droit, que nous a octroyé la Providence et qui est un des principaux fondements de la société, présuppose deux autres droits antérieurs, qui sont le droit de premier occupant et le droit acquis par le travail.

FÉLIX. — Je comprends, Monsieur, votre définition de la propriété, mais je ne me rends pas bien compte du droit de premier occupant.

JACOB. — Et moi, j'ignore ce que vous voulez dire pas le droit acquis par le travail.

M. GUSTAVE. — Je vais m'expliquer, mes

enfants. Ecoutez bien, et vous aussi, Georges, Raoul et Marcel.

TOUS LES ENFANTS. — Nous écoutons.

M. GUSTAVE. — Si l'on trouve un objet quelconque qui n'appartienne à personne et dont on croie pouvoir se servir utilement, on peut en disposer à juste titre et librement, car on ne prend rien à autrui : c'est là le droit de premier occupant.

Si l'on défriche une portion du sol dans une plaine déserte, qu'on en enlève les ronces et les pierres, qu'on la laboure, qu'on l'ensemence, qu'on la protége par de laborieux efforts contre toutes les dévastations des animaux, cette portion de la terre appartiendra à celui qui l'aura faite sienne par l'effort de sa volonté persévérante, et les fruits qu'elle produira seront également son bien et sa propriété, puisque c'est lui qui l'a labourée, ensemencée, arrosée, protégée sans cesse, qui l'a marquée de l'empreinte de sa personnalité, qui l'a faite son œuvre : tel est le droit acquis par le travail, par le travail juste, c'est-à-dire, accompli librement, sans empêcher autrui de travailler avec la même liberté.

Comprenez-vous tous, mes amis?

GEORGES. — Je saisis très-bien ce que vous venez de dire, mais je voudrais savoir le rapport qu'il y a entre ces deux droits qui sont antérieurs au droit de propriété.

M. GUSTAVE. — Je vais te contenter, mon enfant. Soyez tous attentifs. La question de Georges est sérieuse.

1° Le droit de premier occupant préexiste au droit acquis par le travail qui le suppose nécessairement, puisque l'activité et l'intelligence de l'homme ne peuvent s'exercer que sur des objets déjà livrés à sa possession.

2° Le droit de premier occupant n'est qu'une simple conquête sur la nature, une prise de possession d'objets quelconques, animés ou inanimés, abandonnés jusque là sans possesseur, tandis que le droit acquis par le travail est toujours accompagné d'un effort d'intelligence et d'activité, et produit toujours une œuvre, une transformation de l'objet possédé, une création, en un mot.

3° La première occupation n'est qu'un acte légitime de notre liberté, tandis que l'œuvre, créée par notre travail, est une émanation de notre personne, l'expression visible et palpable de notre intelligence, de notre volonté, de notre génie.

RAOUL. — Monsieur, je me rappelle avoir lu dans un livre que vous me donnâtes vous-même en prix, que ces deux droits sont l'origine de la propriété.

M. GUSTAVE. — Mon ami, ta mémoire est fidèle. Ces deux droits nous montrent, en effet, comment la propriété a commencé, comment elle s'est établie parmi les hommes.

Les premiers propriétaires furent ceux qui, les premiers, eurent l'idée et la volonté de se fixer sur l'immense étendue de la terre abandonnée, de s'y choisir une demeure, de cultiver un champ, de confectionner les instruments nécessaires à la pêche ou à la chasse, de retenir auprès d'eux quelques-uns des animaux innombrables qui erraient libres dans les bois, pour les faire servir à leur usage, à leur nourrriture ou à leurs vêtements.

Jacob. — Est-ce que M. Guillaume ne disait pas, hier au soir, que les premiers propriétaires avaient porté atteinte à la communauté des choses de la nature.

M. Gustave. — Oui, il a fait cette objection ridicule, que répètent tous les paresseux, et qui est sans fondement. Vous allez vous en convaincre.

Cette communauté naturelle des choses qu'on invoque, est purement imaginaire, car, tout, dès l'origine, était délaissé et sans usage, et la jouissance des biens de la nature n'a précisément commencé qu'avec la propriété.

D'ailleurs, le droit de propriété est inhérent à la nature humaine : l'enfant même en a le sentiment avant que l'éducation lui ait fait connaître et distinguer le sens des mots le *mien*, le *tien*, le *sien*, qui servent à l'exprimer.

Ce droit est, de plus, un instinct que les bêtes elles-mêmes possèdent, puisque nous voyons l'oiseau défendre son nid, l'animal garder sa tanière et protéger, comme le chien, la propriété de son maître. Je doute fort que Guillaume eût continué à soutenir son objection, si j'avais pris la peine de la lui réfuter par ce que je viens de vous dire, ce que j'eusse fait assurément, s'il avait été dans un état d'esprit à m'écouter.

FÉLIX. — Ainsi, Monsieur, d'après vous, le droit de propriété est conforme à la justice et à la nature.

M. GUSTAVE. — Parfaitement.

M. MARCEL. — Je suis enchanté, pour ma part, de vos explications qui me permettront, dorénavant, de fermer la bouche à mon camarade Antoine, toujours irrité, comme M. Guillaume, contre les propriétaires.

JACOB. — C'est qu'il doit être comme lui un grand fainéant et qu'il voudrait, sans doute, posséder ce qui ne lui appartient pas, sans se donner la peine de l'acquérir à la sueur de son front.

M. GUSTAVE. — Mes amis, il y a malheureusement beaucoup de Guillaume et d'Antoine dans la société, c'est-à-dire, beaucoup de paresseux qui tiennent leur langage. Il faut les plaindre et les corriger, si l'on peut, sans s'arrêter à leurs discours.

Mais je n'ai pas fini mes explications, sur la propriété. Veuillez, mes amis, me prêter toujours votre attention.

Savez-vous combien il y a de sortes de propriétés?

— Les cinq jeunes gens se regardèrent et ne surent que répondre.

M. GUSTAVE, reprenant. — Je savais bien que ma question vous embarrasserait. Je vais donc vous apprendre ce que vous ignoriez ; vous n'aurez pas de peine à vous en instruire.

On distingue trois sortes de propriété : la propriété de soi-même, la propriété mobilière, et la propriété immobilière.

MARCEL. — Voilà, par exemple des mots que l'on ne connaît pas dans mon atelier; je suis curieux d'en savoir la signification.

M. GUSTAVE. — Tu vas être satisfait, mon ami.

La propriété de soi-même, c'est la première propriété de l'homme, c'est lui-même, c'est sa personne. Chaque homme est le libre et naturel possesseur de ses facultés, de son intelligence, de ses sentiments, de sa volonté, ainsi que de son corps, qui en est l'instrument ; il a la possession de soi-même : c'est une propriété que tous les hommes ont également reçue du Créateur, qui veut que nous ayons tous également la responsabilité et le mérite de nos actions.

Tant que nous ne faisons pas de nos facultés un usage injuste ou dangereux envers les autres, ils n'ont pas le droit d'intervenir par la force dans notre conduite ; ils doivent au contraire, respecter notre personne, comme la propriété la plus sacrée.

Raoul. — C'est ce qui fait que l'esclavage est un odieux attentat commis sur la propriété de soi-même.

M. Gustave. — Oui, mon ami, et le plus odieux des attentats. L'esclavage, après l'assassinat, est la forme la plus honteuse de la violence et du vol.

L'esclave, en effet, au lieu de s'appartenir, appartient à son maître, ne possède ni sa personne, ni sa liberté, ni les fruits de son travail, ni les objets de son affection : on viole ses droits les plus sacrés ; il est traité en bête de somme.

JACOB. — Il y avait des esclaves dans l'antiquité, mais il ne doit plus y en avoir à l'époque où nous sommes.

M. GUSTAVE. — Jacob, tu es dans l'erreur ; cette plaie hideuse a fait des ravages jusqu'à nos jours et n'a pas encore entièrement disparu de la société : elle existe encore dans l'île de Cuba, colonie espagnole, où elle étale les derniers vestiges de la plus odieuse des injustices, du plus criminel des attentats commis sur la dignité humaine. Mais j'arrive à la propriété mobilière et immobilière.

FÉLIX. — Qu'entend-on par là ?

M. GUSTAVE. — On entend, par propriété mobilière, la possession des choses que l'on peut déplacer, transporter, échanger : *mobilière* vient de *mobile*, qui indique le mouvement, le déplacement, le changement.

La propriété immobilière est l'opposé de la mobilière, de même que immobile est l'opposé de mobile, et immeuble l'opposé de meuble : c'est la possession des choses qui ne changent point de place, telles que les maisons et les terres.

GEORGES. — N'y a-t-il pas un rapport entre ces deux propriétés et la propriété de soi-même ?

M. GUSTAVE. — Elles en sont comme le prolongement : celui qui possède une propriété quelconque, y a apposé, pour ainsi dire, sa personne, y a mis, par le travail, quelque chose de lui-même, l'empreinte de sa pensée et de sa volonté, qui la rend inviolable et sacrée pour son prochain.

MARCEL. — M. Guillaume parlait hier au soir de la transmission de la propriété, en la condamnant ; que signifie donc cette expression ?

M. GUSTAVE. — La transmission de la propriété, c'est le droit de disposer de ses biens, de les transmettre par acte de donation ou par testament. Ce droit ne saurait, non plus, être mis en doute, puisqu'il dérive naturellement du droit de propriété et qu'il n'est qu'une manière d'en faire usage librement.

JACOB. — Je ne comprends pas pourquoi M. Guillaume combattait ce droit.

M. GUSTAVE. — Je ne le comprends pas non plus, mon ami.

Ce droit est aussi inviolable que le droit de propriété : il en est la conséquence.

Il ne suffit pas, en effet, que je puisse conserver le fruit de mon travail et que je puisse en jouir ; il importe aussi que je puisse en disposer à mon gré, et que celui à qui je le transmets puisse en jouir et en disposer de la même manière. Je dois pouvoir laisser à qui je veux les choses que j'ai acquises par mes labeurs ou en qualité de premier occupant. Si ces choses sont réellement à moi, il m'est permis de les donner de mon vivant à ceux que j'aime ou de les leur transmettre après ma mort ; ce sont là les conditions essentielles de l'exercice de ma liberté et de mon droit de propriété.

FÉLIX. — Ce droit de transmission ou de succession, qu'est-ce qui le rend légitime et obligatoire ?

M. GUSTAVE. — Ce sont les raisons que voici :

D'abord la transmission de la propriété en est comme la cause morale, comme le but ; si nous n'avions pas le pouvoir de donner ou de laisser en héritage à nos enfants les fruits de nos labeurs, nous ne nous donnerions pas tant de peine pour les acquérir, nous nous contenterions de travailler pour pourvoir à nos besoins, et nous nous épargnerions bien des veilles, bien des sacrifices, bien des privations.

De plus, nos enfants ont acquis sur nos biens, pour ainsi dire, un droit de co-propriété, par la jouissance qu'ils en ont eue avec nous, dès leur enfance, et par le concours qu'ils nous ont peut-être apporté pour les conserver ou les accroître.

C'est donc un acte à la fois *légitime* et obligatoire que de transmettre à nos enfants les biens que nous avons amassés pour eux. Si des étrangers venaient s'en emparer, ce serait nous dépouiller nous-mêmes dans la personne des êtres qui nous sont chers et porter ainsi atteinte à notre droit de propriété. Si, nous-mêmes, nous en privions nos enfants en faveur d'autrui, ce serait commettre à leur égard un acte injuste et dénaturé.

Le droit de transmission ou de succession est donc une conséquence logique et morale du droit de propriété, et doit être, comme lui, sacré pour tous les hommes.

MARCEL. — M. Guillaume n'a donc jamais entendu les explications que vous venez de me donner.

M. GUSTAVE. — Probablement, comme aussi il paraît ignorer, malheureusement pour lui, ce que je vais vous dire et à quoi je vous prie, mes amis, de prêter toute votre attention.

Pour nous acquitter de notre devoir envers la propriété d'autrui, il ne suffit pas de ne pas nous en emparer par la force, non, mais nous devons également repousser tout moyen détourné de la faire tomber en nos mains ; bien plus, si elle nous échoit par des procédés illégaux, nous devons la restituer à ses véritables possesseurs ; enfin, si sans intention coupable, nous lui avons fait subir quelque dommage par imprudence, imprévoyance ou négligence, nous devons nous empresser de les réparer.

GEORGES. — Mais, Monsieur, d'après cela, tous les hommes, sans exception, ont intérêt au respect de la propriété.

M. GUSTAVE. — Assurément ; le respect de la propriété et la protection dont la société l'entoure, sont un égal bienfait pour tous, riches ou pauvres.

D'abord, il est peu d'hommes qui ne soient plus ou moins propriétaires ; il n'est pas jusqu'au plus modeste ouvrier qui ne possède des outils, ses instruments de travail, son gagne-pain ; il n'en est pas un qui ne possède au moins le salaire de sa journée.

MARCEL. — Alors, mes camarades et moi.

et même Antoine, nous sommes tous des propriétaires.

M. Gustave. — Mais, certainement, mon enfant.

Or, si la propriété était un vain mot et que la spoliation fût permise, l'honnête travailleur se verrait dépouiller impunément par son voisin moins laborieux, paresseux et vicieux ou corrompu, auquel il n'aurait pas la force de résister ; ce serait le droit de la force qui s'étendrait à toutes les classes de la société.

Marcel. — Bien, voilà que j'ai de quoi réduire Antoine au silence.

Raoul. — Et M. Guillaume, également.

M. Gustave. — Je n'ai pas fini, mes jeunes amis. Car, d'autre part, l'homme obligé par sa nature au travail, qui est une peine, ne s'y soumet que pour s'épargner la peine du besoin, qui est bien plus grande encore, et, aussi, en prévision de la vieillesse, où tout labeur est impossible et où l'on doit compter sur les épargnes de la jeunesse. Il travaille donc, au-delà de ses besoins actuels, économise et s'impose des sacrifices, afin de se préparer des ressources pour l'avenir.

De plus, l'amour de la famille décuple ses forces. Afin de faire à ses enfants un sort moins pénible que le sien, il redouble d'ardeur et d'efforts, il s'ingénie, combine, invente, pour exceller dans son art, dans son industrie, dans son commerce, dans sa science, de façon à recueillir, le plus que possible, les heureux fruits de ses labeurs, pour lui et pour les siens : il arrive ainsi honorablement à la fortune, et la société y trouve son compte, puisque ses succès tournent, en définitive, au profit de l'humanité, qui en reçoit des découvertes nouvelles ou des ressources inattendues.

Or, si cet homme n'eût été certain de jouir du fruit de ses travaux, c'est-à-dire de sa propriété, et d'en disposer librement, eût-il fait tant d'efforts, et l'humanité en eût-elle retiré un si grand avantage ?

FÉLIX. — Je ne comprends pas que l'on puisse résister à de pareils arguments.

M. Gustave. — Surtout si l'on considère que la violation du droit de propriété conduirait inévitablement au découragement, à la compression de tout effort, à la cessation de tout progrès, au retour à la barbarie, à la misère et à la destruction de la société.

Jacob. — Que signifie ce mot de communisme, qui revenait, si souvent, hier au soir, sur les lèvres de M. Guillaume ?

M. Gustave. — On appelle ainsi, généralement, la théorie sociale qui réclame le partage et la communauté des biens.

Marcel. — C'est ce que demande, à grands cris, mon camarade Antoine, mais, à coup sûr, sans en connaître les dangers.

Félix. — Aurez-vous la bonté, Monsieur, de nous fournir les moyens de réfuter cette théorie qui me paraît si funeste à la prospérité et à la richesse des nations ?

M. Gustave. — Cela va être bien facile, mon ami : il suffit simplement de faire l'exposé de ses conséquences ; le voici en peu de mots; écoutez-bien attentivement, mes enfants.

Ou l'on se contenterait, sous le régime du communisme, de faire un premier partage de tous les biens entre les citoyens, laissant ensuite chacun tirer parti de son lot, à son gré : alors toutes les inégalités recommenceraient bientôt à se reproduire, et rendraient le premier partage inutile ;

Ou l'on ferait le partage à des époques régulières, attentant, par là, à tout instant, au droit qu'a chacun de jouir du fruit de son travail, et poussant ainsi forcément les hommes à l'inaction et au vice ;

Ou l'État se ferait le grand entrepreneur de tous les travaux, rétribuant les citoyens en raison de la quantité et de la valeur du travail de chacun : dès lors, encore, l'inégalité ne cesserait d'exister inévitablement, à cause de la différence des forces ou des aptitudes de chaque individu.

Ou, enfin, l'État possédant tout, assurerait la satisfaction des besoins de chacun, sans aucun égard pour la valeur de son travail : dès lors, communisme complet, mais aussi, cessation de tout labeur, de tout effort, règne universel de l'anarchie et de la misère.

Le communisme serait donc non-seulement un régime injuste, puisqu'il consacrerait la spoliation permanente de la propriété des citoyens, mais encore un régime destructeur de la société, puisqu'il en tarirait les sources fécondes, en en paralysant le travail, la moralité, l'émulation et le génie.

— En achevant ces mots, M. Gustave se tourna du côté du nautonnier, qui n'avait cessé de ramer depuis leur embarcation, et qui suait à grosses gouttes, malgré la fraîcheur du matin.

A la fatigue du brave conducteur de sa nacelle, M. Gustave s'aperçut qu'il parlait depuis longtemps, et il comprit qu'il était temps de revenir sur la plage. Il dit à ses dociles auditeurs:

Mes amis, j'ai fini tout ce que j'avais à

vous dire sur la propriété ; je voulais vous parler également du travail, mais l'heure est trop avancée ; notre guide, d'ailleurs, est à bout de forces, et mes hôtes, là-bas, qui doivent être éveillés, se demandent, sans doute, ce que nous sommes devenus.

Allons les rassurer par notre retour ; nous reprendrons ce soir notre entretien ; cela me vaudra le plaisir de vous garder une journée de plus avec moi.

Les jeunes gens charmés de cette nouvelle et gracieuse invitation, l'acceptèrent avec empressement.

« A ce soir donc, la fin de ma leçon », s'écria, tout joyeux, M. Gustave ; et il pria le nautonnier d'accélérer leur retour sur la rive, où sa famille et ses amis l'attendaient avec impatience.

CHAPITRE III

Le Travail

Le soir, après s'être baignés, avoir dîné et avoir fait la promenade hygiénique sur la colline, à travers les bois touffus, aux parfums balsamiques et vivifiants, les jeunes gens et le maître étaient présents au rendez-vous.

Ils s'étaient installés sur la belle terrasse du belvédère, d'où la vue portait à la fois sur l'immense mer éclairée par les doux et pâles rayons de la lune, et sur la grande cité marseillaise, qui, éclairée à son tour, par des milliers de lumières, offrait un contraste charmant, féérique, ravissant, que le regard ne se lassait point de contempler.

M. Gustave avait à ses côtés, un de ses frères, M. Polydore, professeur comme lui, qui avait voulu prendre part à un entretien sérieux, instructif et moralisateur, et seconder son frère dans sa démonstration utile et salutaire à la jeunesse.

Les jeunes gens, silencieux, étaient suspendus aux lèvres de M. Gustave, qui débuta en ces termes :

— Je vous ai expliqué, ce matin, ce qu'est la propriété, sur quels principes elle repose, et combien elle est respectable et sacrée.

Je crois vous avoir convaincus de sa légitimité, de sa nécessité et des dangers qu'il y aurait pour tous, riches ou pauvres, à y porter atteinte.

Je vous ai fait comprendre, enfin, que tous les hommes, les plus modestes ouvriers mêmes, sont propriétaires, et que, par conséquent, tout le monde est intéressé au respect de la propriété.

Vous m'avez adressé quelques questions, auxquelles j'ai répondu ; n'avez-vous plus à m'en faire?

Parlez à votre aise : je ne demande qu'à vous instruire, qu'à éclairer vos doutes ; d'ailleurs, M. Polydore, qui a bien voulu se joindre à nous, saura, au besoin, m'aider à vous satisfaire.

D'une voix unanime, les jeunes auditeurs se déclarèrent convaincus, et exprimèrent le désir d'entendre, sur le travail, les explications auxquelles M. Gustave les avait conviés.

M. Gustave. — Le travail, mes amis, est le fondement de toute propriété : par le travail, l'homme s'élève à la propriété, à la richesse ; c'est du travail qu'il tient tout ce qu'il possède.

Félix. — Je désirerais savoir comment on peut définir le travail.

M. Polydore. — Voilà une question sérieuse, à laquelle je tiens à répondre moi-même, avec la permission de M. Gustave.

Le travail, mes amis, c'est un effort soutenu et durable du corps et de l'esprit, ayant pour but de rendre service à celui qui travaille ou à d'autres, à l'individu ou à la société.

M. Gustave. — Il n'y a rien à ajouter à cette définition ; elle est parfaite.

RAOUL. — M. Guillaume, disait, je crois, l'autre soir, que le travail n'est pas obligatoire pour l'homme, qui est libre de ne rien faire.

M. GUSTAVE. — Langage éternel des paresseux, qui voudraient que les autres travaillassent pour eux !

Le travail, mes enfants, est obligatoire pour tous. C'est la première loi de notre nature, celle dont l'accomplissement importe à la conservation de notre corps, au perfectionnement de notre esprit, à l'épanouissement de tout notre être.

GEORGES. — Mais pourquoi le Créateur nous a-t-il rendu le travail obligatoire ? Je ne comprends pas cette loi de notre nature.

M. GUSTAVE. — Mon ami, tu la comprendras, quand tu sauras qu'elle est la source de notre mérite et de notre grandeur. Ce que M. Polydore va t'expliquer en quelques mots.

M. POLYDORE. — Oui, mes enfants, la Providence a voulu que les choses utile de la nature fussent toujours insuffisantes pour satisfaire l'humanité, et que l'homme fût toujours obligé de travailler pour plier la nature à ses besoins.

Les premiers dons nous ont été faits par le Créateur ; mais il nous faut acquérir le reste par le travail, afin que notre bien-être soit notre œuvre et que le succès de nos efforts nous donne le sentiment de notre supériorité sur tous les autres êtres de la nature, avec celui de notre valeur et de notre dignité.

M. Gustave. — Il faut ajouter que l'homme est poussé au travail par la nécessité de vivre. Sans son travail, la nature fût restée pour lui stérile, ne lui eût produit que des ronces et des épines, et il fût mort avec les siens, dans la misère et le désespoir.

Jacob. — L'obligation du travail est, je crois, exprimée par la Genèse, en ces termes : « Tu mangeras ton pain à la sueur de ton front ! »

M. Polydore. — Très-bien, Jacob, ce

sont bien là, les termes significatifs par lesquels la sagesse éternelle formule la loi du travail.

M. Gustave. — Mais le travail est plus qu'obligatoire et nécessaire, il est encore moralisateur et instructif. Sachez-le bien et ne l'oubliez jamais, mes jeunes amis, le travail, même appliqué à des œuvres matérielles, a sur notre moralité une influence salutaire : il engendre en nous des habitudes d'ordre, de régularité, d'activité ; il nous inspire le respect de la règle et de la loi ; il nous éloigne du désordre qui naît de l'ennui, conséquence inévitable de l'oisiveté, cette mère de tous les vices, et nous préserve ainsi, de toute immoralité, de toute corruption.

Appliqué à des œuvres intellectuelles, à l'étude des lois merveilleuses de la nature ou de l'esprit humain, à celle des sciences, des arts, de l'industrie, il développe notre raison, enrichit notre intelligence, lui donne une étonnante vigueur, une élévation de plus en plus grande, une instruction toujours progressive, qui nous ouvre graduellement les horizons de l'infini, et nous apprend à découvrir, chaque jour, un des innombrables secrets de la création, pour le bien-être et l'avancement de l'humanité.

M. POLYDORE. — A part tous ces bienfaits, le travail nous en procure un plus important encore, c'est celui de notre indépendance.

FÉLIX. — M. Polydore serait-il assez bon pour nous en persuader ?

M. POLYDORE. — Très-volontiers, mon ami, et rien de plus facile.

Le travail nous met à l'abri de la misère et du besoin ; tandis que la paresse nous laisserait à la discrétion de nos semblables et à la merci de leur pitié, le travail nous permet de nous suffire à nous-mêmes, de vivre avec dignité, en nous assurant non-seulement le présent, mais encore l'avenir.

GEORGES. — Comment le travail nous assure-t-il l'avenir ?

M. POLYDORE. — A l'aide de la prévoyance, vertu dont le travail a nécessairement besoin et qui complète son œuvre, car la prévoyance crée l'épargne, c'est-à-dire qu'elle ménage les fruits du travail.

Jacob. — Alors, le travail sans l'épargne serait insuffisant ?

M. Polydore. — Mais, sans doute, mon jeune ami ; ce serait la fatigue continuelle, sans le repos, sans garantie contre la pauvreté, tandis que l'épargne, c'est le repos assuré pour la vieillesse et une source de ressources pour les époques de maladie ou de chômage.

M. Gustave. — Elle est aussi une cause d'aisance et de bien-être.

Félix. — C'est donc l'épargne qui fait la richesse ?

M. Gustave. — Précisément, car la richesse n'est autre chose que l'épargne accumulée, qui devient ce qu'on appelle le capital.

Marcel. — Qu'est-ce donc que le capital ?

M. Gustave. — C'est l'épargne accumulée, qui, au lieu de rester inutile et stérile, produit à son tour de nouveaux avantages. C'est une richesse qui engendre d'autres richesses.

M. Polydore. — Capitaliser, mes enfants, c'est épargner et tirer profit de ses épargnes, en les utilisant d'une manière productive.

M. Gustave. — Comprenez-vous bien, mes jeunes amis, tout ce que nous venons de vous expliquer ?

Félix. — Parfaitement. Vous me permettrez seulement de vous demander s'il est vrai qu'il existe plusieurs sortes de capitaux ?

M. Gustave. — Oui, mon ami, il y en a de deux sortes : les capitaux circulaires et les capitaux fixes. L'or, l'argent, la monnaie, les billets de banque, les effets de commerce, sont des capitaux circulaires, c'est-à-dire qu'ils circulent et passent de mains en mains ; les bâtiments d'une manufacture, les immeubles d'une industrie quelconque, sont des capitaux fixes, puisqu'ils ne changent pas de place.

M. Polydore. — On peut ajouter qu'il existe un autre capital aussi important que ceux qui précèdent, c'est le capital moral et intellectuel, c'est-à-dire, celui de l'instruction.

M. Gustave. — C'en est un, certainement, et c'est même le plus précieux. Vous allez vous en convaincre, mes enfants.

La science et l'instruction sont, effectivement, les épargnes morales de l'humanité. Notre esprit est comme un champ fertile ; les idées que nous lui confions sont comme autant de semences fécondes qui nous produisent bien au-delà de ce qu'elles nous coûtent. Or, l'homme, mes amis, a autant d'intérêt à faire un capital de connaissances utiles et de talents que de biens matériels. Si ces derniers lui procurent l'aisance et le bien-être, les premiers lui donnent une élévation intellectuelle et morale qui est pour lui non-seulement une source de pures jouissances, de nobles et incomparables plaisirs, mais encore qui développe ses aptitudes, le fait exceller dans son travail de chaque jour, le rend plus fécond pour lui et plus utile pour tous.

MARCEL. — Monsieur, vos paroles me touchent beaucoup ; c'est malheureux que tous les travailleurs ne puissent capitaliser ainsi.

M. GUSTAVE. — C'est là une grande erreur, mon enfant ; tous le peuvent et tous le doivent. Le plus modeste ouvrier peut assurément prélever sur son salaire une modique somme, si petite qu'elle soit, pour l'épargner et l'augmenter, journellement, de nouvelles petites épargnes, lesquelles accumulées finiront par produire peu à peu un capital ; capital qui sera pour lui une assurance contre le malheur, qui lui permettra d'envisager l'avenir avec confiance et sécurité, qui le prémunira, enfin, contre le chômage, la maladie et les infirmités de la vieillesse.

Quant au capital de l'instruction, il est bien plus facile encore à tous de l'acquérir. Quel est l'ouvrier qui ne peut consacrer à de bonnes lectures les nombreux moments de loisirs qu'il emploie à des causeries oiseuses et banales, ou à la fréquentation du cabaret et d'autres lieux corrupteurs et abrutissants ?

D'ailleurs, pendant notre jeunesse, nous devons profiter des leçons qu'on nous donne. Bien coupables sont les enfants qui perdent le temps précieux de leurs études ; ils en regrettent tôt ou tard le mauvais emploi.

Félix. — Ainsi, la source du capital, c'est le travail.

M. Polydore. — Il n'y a pas à en douter.

Jacob. — Je ne comprends pas bien comment le travail fait naître le capital.

M. Polydore. — C'est bien facile à comprendre pourtant. Écoutez.

Le travail fait naître le capital, 1° par la valeur qu'il donne aux choses qu'il produit ou qu'il met en état de service, et 2° par le salaire qu'il procure aux travailleurs.

Est-ce compris, Jacob ?

Jacob. — Oui, Monsieur, et merci.

Raoul. — Moi, Monsieur, je ne comprends pas comment on détermine la valeur d'un travail ou sa juste rémunération. Je vous serai fort reconnaissant de me l'expliquer.

M. Polydore. — Avec plaisir, mon ami ; écoutez-tous, car la question en vaut la peine.

Ce qui détermine la valeur d'un travail et sa rémunération, c'est : 1° la difficulté qu'il présente ; 2° le talent qu'il exige ; et 3° le service qu'il rend.

Le prix des objets, n'est, en effet, que la somme de tout le travail employé pour le produire et se compose de la fraction du salaire payée à tous ceux dont le travail a été requis pour mettre les choses en état d'arriver aux mains des consommateurs.

D'autre part, la valeur d'un travail, et, par conséquent, de son salaire, est en raison de l'importance que nous attachons au service qu'il rend dans le moment actuel, et varie en raison de la position relative de celui qui désire le service et de celui qui le rend.

M. GUSTAVE. — C'est cette règle d'économie sociale qui s'appelle *l'offre et la demande*.

GEORGES. — Je n'ai jamais bien compris ce que signifie cette double expression. Veuillez me l'expliquer, Monsieur, je vous prie.

M. GUSTAVE. — M. Polydore va nous expliquer cela parfaitement.

M. POLYDORE. — Quand le possesseur d'une denrée quelconque, ou d'une marchandise, cherche un acheteur, il y a *offre* de la denrée ou de la marchandise.

Au contraire, quand un individu désire acheter une denrée ou une marchandise quelconque, il y a *demande* de cette denrée ou de cette marchandise.

Une marchandise est *offerte,* quand un vendeur dit : *Voulez-vous acheter ?*

Elle est *demandée,* quand un acheteur dit : *Voulez-vous vendre ?*

Quand les gens qui veulent vendre sont plus nombreux que ceux qui veulent acheter, on dit que l'*offre dépasse la demande.*

Quand les gens qui veulent acheter sont plus nombreux que ceux qui veulent vendre, on dit que la *demande dépasse l'offre.*

Il en est de même du travail, qui est une marchandise comme une autre, puisque c'est également un service rendu.

Si un ouvrier se présente dans un atelier, désirant y être occupé, il *offre* son travail.

Si un patron propose à un ouvrier de l'employer, il lui *demande* son travail.

Dans le premier cas, le travail est *offert ;* dans le second, il est *demandé.*

L'offre du travail dépasse la demande, quand pour faire un travail, il y a plus d'ouvriers que les patrons n'en peuvent occuper.

La demande du travail dépasse l'offre, quand les patrons réclament plus d'ouvriers qu'ils n'en trouvent.

M. GUSTAVE. — Il faut conclure de ce que vient de vous dire M. Polydore :

1° Que les conventions passées entre patrons et ouvriers sont un véritable marché entre acheteurs et vendeurs, le travail étant la marchandise achetée et vendue, les patrons, les acheteurs, les ouvriers, les vendeurs.

2° Que, de même que de tout temps l'offre d'une marchandise en a abaissé le prix et la demande en a augmenté la valeur, — puisque dans tout marché, celui qui a le plus besoin ou le plus envie de conclure le marché est celui qui subit les conditions au lieu de les faire, — de même l'offre du travail de la part de l'ouvrier en abaisse le salaire, et la demande de la part du patron l'augmente, le taux des salaires étant déterminé naturellement par le rapport entre l'offre et la demande, comme le prix de toute marchandise.

MARCEL. — Tout cela est fort clair, et, pour ma part, je le comprends à merveille. Cependant il me paraît inadmissible que le salaire de l'ouvrier dépende du rapport qui existe entre l'offre et la demande, ce qui peut, selon les circonstances, le faire descendre si bas qu'il soit insuffisant à faire vivre le pauvre travailleur.

Félix. — Il peut arriver aussi qu'il monte tellement haut que les intérêts du patron en soient lésés.

M. Gustave. — Vos deux observations sont fort justes et vous serez heureux d'apprendre que dans une société bien constituée, deux grands principes ont toujours limité l'abaissement et l'élévation du taux des salaires; ces deux principes sont la justice et la charité qui doivent régler, d'ailleurs, toutes les choses humaines.

D'une part, la loi de charité défend que le salaire du travailleur descende au-dessous de ce qui lui est nécessaire pour vivre et pour abriter sa famille contre toute privation douloureuse, contre la misère et le désespoir.

D'autre part, la loi de justice défend que ce salaire s'élève de manière à léser les intérêts du patron, à compromettre peu à peu sa position, et à le jeter, à son tour, dans la gêne et le besoin.

Jacob. — D'après ce que vous venez de nous expliquer, les patrons et les ouvriers sont appelés à vivre dans un continuel échange de services mutuels.

M. Polydore. — Incontestablement, mon jeune ami, et vous allez tous en convenir.

Si le patron a besoin d'ouvriers pour faire son travail et pour faire prospérer son industrie, l'ouvrier, de son côté, a besoin de travailler pour vivre avec les siens.

Ils sont donc dans un continuel échange de services, comme, d'ailleurs, tous les hommes, dans toute société civilisée ; nous ne saurions jamais, qui que nous soyons, nous passer les uns des autres.

M. Gustave. — Cette utilité réciproque, mes enfants, doit faire naître, entre les patrons et les ouvriers, comme entre tous les hommes, un respect mutuel.

Le travail, quel qu'il soit, pourvu qu'il soit honnête et utile, a son importance et sa dignité, à la condition qu'on s'acquitte, fidèlement et consciencieusement, des obligations qu'il impose.

— Ces dernières paroles de M. Gustave, impressionnèrent profondément nos jeunes auditeurs ; ils gardèrent tous un long silence d'admiration, tant la vérité est puissante sur les cœurs honnêtes qu'aucun faux raisonnement n'a pu encore altérer.

L'heure, étant avancée, et le travail appelant, le lendemain, de bon matin, à leur tâche, les affectueux convives de M. Gustave, il leva la séance, non sans avoir complimenté ses anciens élèves, de leur attention soutenue, ni sans leur avoir promis, en récompense, de nouveaux et utiles entretiens.

La promesse fut acceptée avec bonheur. On se retira satisfait, heureux, les élèves d'avoir reçu de salutaires enseignements, et M. Gustave d'avoir fourni, à ces intelligents et laborieux jeunes gens, des armes pour défendre leur vertu et leur honneur, contre les attaques des paresseux et des dépravés.

FIN.

RAPPORT

SUR

GUSTAVE OU LA PROPRIÉTÉ ET LE TRAVAIL

Lu à la Séance générale tenue par les membres de la Société des instituteurs et des institutrices de Marseille, (le 23 juillet 1876), par M. Léon Fuzier, instituteur de l'École communale de la rue de Lodi à Marseille.

Mesdames, Messieurs,

A une époque aussi tourmentée que la nôtre, alors que la question sociale s'impose à tout esprit préoccupé de l'avenir de son pays, quand les systèmes les plus opposés se heurtent et s'entrechoquent, que tous les principes en religion, en morale et en politique sont livrés en pâture à des esprits trop prévenus qui en font le sujet habituel de discussions ardentes et passionnées, l'on doit se féliciter de rencontrer des hommes, quelque peu soucieux de l'avenir, qui ne craignent point de prendre en main la défense de la Morale et de la Religion outragées, et de venir battre en brèche des erreurs si répandues et si accréditées.

Un homme, qui, hors de Marseille, exerce de hautes fonctions, que recommandent plusieurs ouvrages de Morale, qui nous est d'ailleurs avantageusement connu, bien qu'il se cache sous le voile de l'anonyme, cet homme, dis-je, au milieu des labeurs de son ministère, a su trouver quelques moments de loisir pour les consacrer à l'instruction de la classe ouvrière. Il a, à cet effet, composé un ouvrage intitulé : *Gustave, ou la propriété et le travail* dans lequel, sous une forme neuve et dialoguée, sont traitées les questions qui divisent le plus les esprits, et sont l'objet des méditations des profonds penseurs.

Vous m'avez fait l'honneur, Mesdames et Messieurs, de me confier le rapport de cet opuscule. En voici le plan et l'analyse succincte.

Deux instituteurs accompagnés de leur famille et de quelques anciens élèves, désirant se livrer aux plaisirs de la villégiature, s'étaient rendus à une campagne située dans la banlieue, sur le bord de la mer. Quelques paroles malsonnantes prononcées la veille par un membre de la compagnie, paroles, de nature à laisser de fâcheuses impressions sur l'esprit de jeunes adolescents, suggérèrent à ces instituteurs la pensée d'aborder les grandes questions *de la propriété et du travail*.

De la Propriété

La propriété, dit l'un des conférenciers, *est le droit que nous avons tous de jouir librement de ce qui nous appartient, des choses que nous avons légitimement acqui-*

ses, comme de celles que nous avons légitimement reçues. Ce droit, l'un des principaux fondements de la société, présuppose *deux* autres droits antérieurs qui sont le droit de premier occupant, et le droit acquis par le travail. Ces deux droits antérieurs ont à leur tour un rapport commun avec le droit de propriété, puisque le droit de premier occupant préexiste au droit acquis par le travail, et n'est qu'une simple conquête sur la nature, tandis que le droit acquis par le travail est toujours accompagné d'un effort d'intelligence et d'activité, d'une création enfin.

De plus, le droit de propriété est inhérent à la nature humaine. L'enfant dès son bas âge en a le *sentiment*, l'*animal* même en a l'instinct. Developpant cette idée, le professeur montre que ce droit renferme celui de *transmission* ou de *succession*, rendu légitime et obligatoire, en ce sens que le père a le pouvoir de le donner à ses enfants, de le partager avec eux, qui en deviennent également les libres possesseurs. De là naissent et le *respect* qu'on porte à la propriété, et la *protection* dont la Société l'entoure. Passant ensuite à cette théorie funeste du partage des biens, qu'on est convenu d'appeler *communisme*, il prouve que le *communisme* est la destruction de la Société.

Le Travail

A côté de la propriété, et tout naturellement, vient se placer la question du *tra-*

vail, dont les deux instituteurs vont nous entretenir alternativement. Et d'abord, dit le second professeur, le travail est le fondement de toute propriété : c'est du travail que l'homme tient tout ce qu'il possède. Le travail est, de plus, *nécessaire* et *obligatoire*.

C'est la première loi de notre nature qui nous y astreint, laquelle est aussi la source de notre mérite et de notre grandeur.

En second lieu, la Providence, en créant toutes les choses insuffisantes, a voulu les faire plier à la volonté de l'homme.

En troisième lieu, l'homme est poussé au travail par la nécessité de vivre.

En quatrième lieu, par le travail l'homme se moralise et s'instruit.

Toutes ces questions sont longement développées et expliquées, de manière à ne laisser aucun doute dans l'esprit des auditeurs. Continuant d'énumérer les avantages du travail, l'instituteur ajoute qu'il nous procure le bienfait de l'indépendance, en nous créant des ressoures et en faisant naître, à l'aide de la prévoyance, l'*épargne*, qui, accumulée, produit à son tour le *capital*, dont le travail est la source, soit par la valeur qu'il donne aux choses, soit par le salaire qu'il procure au travailleur. Et ici, Messieurs, se place la règle *d'économie sociale* qui s'appelle l'*offre et la demande*. Ce n'est point là la partie la moins importante et la moins instructive de cet entretien. Il y est démontré comment par le rapport naturel de l'*offre et la demande*, le taux des salaires subit une *augmentation* ou une *diminution*, comment, par des conventions particulières, un marché régulier s'établit entre le patron et l'ouvrier, comment, enfin, par la *loi de charité* d'une part, par *la loi de justice* de l'autre, les intérêts des deux parties se trouvent sauvegardés.

Mesdames, Messieurs ; si, avant de terminer notre rapport, nous avons un vœu à émettre, c'est que notre auteur ne laisse pas son œuvre inachevée, c'est qu'au plutôt et à sa manière, c'est-à-dire, avec le talent qui le caractérise, il nous donne la solution des *questions sociales* avec lesquelles il paraît si familiarisé. Ce sera un bon livre de plus, et un nouveau plaisir à ajouter à celui que nous a fait éprouver la lecture de l'opuscule dont nous venons de vous entretenir.

(Rapport lu à la réunion des Instituteurs et des Institutrices de la ville de Marseille et du département des Bouches-du-Rhône, dans sa séance générale du mois de juillet 1876.)

L'ouvrage à l'unanimité des membres a été reconnu excellent et bon à être adopté dans les écoles.

Signé : Léon Fuzier, *instituteur public, rue de Lodi*, (Marseille.)

LA LÉGENDE DU TRAVAIL

Lorsque le père des humains eut péché et qu'il eut entendu la voix divine prononcer cette sentence : « La terre ne produira pour toi que des ronces et des épines », ses yeux laissèrent couler d'abondantes larmes, et il s'écria avec douleur : « Maître du monde, tu me condamnes donc à manger au même ratelier que ma bête de somme ! » Mais sa douleur fut apaisée, à ces dernières paroles du Créateur : « Tu mangeras ton pain à la sueur de ton front. »

De cette légende se dégage la sainte loi du travail ; du travail moralisateur, qui produit le pain quotidien, qui fait la dignité de l'homme, qui le distingue des autres créatures animales et qui lui conserve ses forces et son existence. Sans travail point de paix, et sans paix point d'existence possible ici-bas.

Bienfait de la Providence, le pain, cet aliment de la vie terrestre, est surtout la récompense de l'activité humaine, le résultat de tout travail honnête et sérieux, le but de tout effort sincère et loyal.

Modeste fruit de nos labeurs, il est d'autant plus précieux qu'il est gagné à la sueur de notre front, selon la loi de notre destinée.

L'homme est fait pour agir ; sa destinée est de lutter contre la nature, de la vaincre, de la faire servir à ses desseins : rude tâche, souvent douloureuse, mais féconde en douces et viriles émotions, quand elle est remplie avec courage et dignité.

La Providence a mis dans notre cœur, dans notre tête et dans nos bras, les moyens de conquérir notre place au soleil, notre aisance, notre bien-être, notre pain quotidien ; c'est à nous de l'acquérir par le travail.

« Celui qui cultive son champ, s'écrie le Sage, aura toujours du pain en abondance, mais celui qui poursuit des chimères est un homme sans cœur. »

« Le paresseux, l'homme au cœur lâche et perverti, qui trouve douces les eaux dérobées et délicieux le pain du mystère, celui-là, en portant à ses lèvres ce pain de mensonge qu'il aime, le sentira, sous sa dent, se transformer en gravier, et sera ainsi châtié de sa coupable usurpation par le triste fruit de sa paresse. »

Criminelle paresse qui paralyse les forces de l'homme, le détourne de sa mission, lui coupe les ailes et le laisse dans la fange, où il le jette, en proie à la misère, à la merci de ses semblables, dégradé et malheureux.

« L'existence de celui qui, pour vivre, compte sur la table de son prochain, n'est pas une existence. »

En effet, être incapable de gagner soi-même son pain, falloir recourir au pain d'autrui, pour refaire ses forces et ne point succomber à la misère, c'est assurément la plus cruelle des infortunes, le plus grand des périls pour la probité et pour la vertu ; « c'est, dit encore un sage de l'antiquité, ressembler à un cadavre ».

La paresse peut-elle enfanter autre chose que la dépravation et la mort ?

LA CHANSON DU PAUVRE

I

Je suis l'enfant de la misère,
Et le dur travail est ma loi.
Le riche, dit-on, est mon frère ;
Mon frère pense-t-il à moi ?
Si le travail vaut la prière,
Juste Dieu, je m'adresse à toi !

II

Du berceau jusqu'au cimetière,
Longue est ma chaîne de labeurs !
Mais le travail fait l'âme fière,
L'oisiveté, les lâches cœurs.
Seigneur ! donne-moi ta lumière :
Je suis le fils des travailleurs !

III

C'est le travail qui rend fécondo
La vieille terre aux riches flancs ;
Le travail qui ravit à l'onde
Corail, perles et diamants.
Au travail appartient le monde,
Aux travailleurs, à leurs enfants !

IV

Mon riche frère aux mains oisives,
Je suis fils de Dieu comme vous !
Nous sommes d'inégaux convives
Dans le banquet servi pour tous.
Mais l'amour rend les forces vives :
Si tu veux, mon frère, aimons-nous.

V

Si notre origine est commune,
Pourquoi nous haïr plus longtemps ?

De ton orgueil naît l'infortune,
Ma haine a des rêves sanglants.
De deux âmes n'en faisons qu'une,
Dieu nous a nommés ses enfants.

VI

Si tu veux, nous irons sans cesse,
Bras enlacés, âmes sans fiel,
Oubliant tout ce qui nous blesse
Dans un même effort fraternel ;
J'aurais nom : Force, et toi : Tendresse.
Frère, l'amour est fils du ciel !

LE TRAVAIL ENNOBLIT

Ne dites jamais : Je suis un homme de qualité ; cette occupation ne me convient pas.

Les plus grands docteurs de l'antiquité judaïque étaient des ouvriers, des artisans.

Le docteur Johanan avait l'état de peaussier.

Nahoum était copiste.

Un autre Johanan faisait des sandales.

Le docteur Juda était boulanger.

Le célèbre docteur José, une des lumières de son siècle, était corroyeur.

On compte ainsi plus de cent docteurs de la loi juive qui exerçaient des professions.

Il y avait parmi eux des tanneurs, des boulangers, des parfumeurs, des cordonniers, des teinturiers, des chaudronniers, des couteliers, des meuniers, etc., etc.

Et voici ce qu'ils disaient : « Les études qui ne sont pas accompagnées d'un métier finissent par se perdre et conduisent au mal. »

PUISSANCE FÉCONDE DU TRAVAIL

La plupart des grands hommes de l'antiquité païenne et des temps modernes ont dû le jour à des pères laborieux, à de vigoureux et honnêtes travailleurs.

Démosthènes était fils d'un forgeron ; Virgile, d'un boulanger ; Horace, d'un affranchi ; Amyot, d'un corroyeur ; J.-B. Rousseau, d'un cordonnier ; Molière, d'un tapissier ; Quinault, d'un mitron ; Fléchier, d'un chandelier ; Rollin, d'un coutelier ; Massillon, d'un tanneur ; J.-J. Rousseau, Dupont et Beaumarchais, d'horlogers ; Homère n'était-il pas mendiant ? François Arago dut le jour à un cultivateur ; Canova était attaché au service de la maison Falieri ; Christophe Colomb était le fils d'un cardeur de laines ; Cook, d'un paysan ; Copernic, d'un boulanger ;

d'Alembert, enfant trouvé, fut élevé par une mercière ; Franklin et Fulton eurent des commencements plus misérables encore. Et Jacquart, fils d'un tisseur ; et Herschell, musicien des rues ; et Monge, fils d'un marchand forain ; et Bernard Palissy et Laplace, nés de paysans ; et Volta, élevé par charité ?

MAXIMES

I

Celui qui n'apprend pas un métier à son enfant, l'élève pour le brigandage.

II

Aime le travail et fuis les grandeurs.

III

Ne dis pas : Je suis d'un rang trop élevé, trop riche, pour travailler, car la paresse n'est permise à personne, parce qu'elle conduit à beaucoup de vices.

IV

Celui qui peut se nourrir du travail de ses mains et qui, pourtant, vit d'aumônes, par paresse, ne meurt pas avant d'être devenu réellement pauvre et nécessiteux.

V

Applique constamment ton esprit et tes forces à un travail utile.

VI

Ne remets jamais à demain ce que tu peux faire aujourd'hui.

VII

Commencez avec ardeur et achevez avec persévérance.

VIII

Considérez le repos comme un moyen d'acquérir de nouvelles forces pour un nouveau travail.

IX

Rappelons-nous que le temps perdu ne se rattrape jamais.

X

Estimez la richesse comme le salaire du travail, et comme un instrument pour un travail nouveau.

XI

Travaillez avec activité, avec zèle, avec persévérance et économie.

XII

N'ayez, en travaillant, ni paresse, ni lenteur, ni légèreté.

XIII

Il n'y a pas de sots métiers. Livre-toi à n'importe quel travail, plutôt que de recourir à l'argent d'autrui.

XIV

Que ni la prodigalité ni l'avarice ne couronnent votre travail.

XV

Le travailleur qui dissipe tout ce qu'il gagne est comme le cheval aveugle qui moud le grain pour un autre.

XVI

Les anciens Germains plongeaient les fainéants dans la bourbe d'un marais et les y abandonnaient sans secours.

XVII

L'oisiveté est, avec l'orgueil, la mère de tous les vices.

XVIII

L'oisiveté nous lasse plus promptement que le travail.

XIX

Le travail est l'application intelligente de toutes les facultés ; c'est la gymnastique de l'âme.

XX

Le travail de la pensée est bien supérieur au travail des mains ; il en est la condition et le guide, puisque la pensée et la réflexion dirigent l'ouvrier dans l'emploi de sa force, de ses bras et de ses outils.

XXI

Au lieu d'être une humiliation et une servitude, le travail fait la noblesse de l'homme, parce qu'il l'affranchit du joug de la misère : sans le travail l'homme serait plus misérable que le dernier des animaux.

XXII

Du travail résulte le progrès, qui est un accroissement de science et de pouvoir, dont l'homme a le privilège, parce que c'est une œuvre de la réflexion et de l'étude.

XXIII

A chacun son métier.

XXIV

Le travail est l'emploi intelligent et utile de toutes les forces de l'esprit et du corps.

XXV

Travailler est la condition de la vie ; c'est la loi de la nature et de l'humanité.

XXVI

Tu gagneras ton pain à la sueur de ton front.

XXVII

Tout est possible au travail.

XXVIII

En limant, on fait d'une poutre une aiguille.

XXIX

Que ne peut du travail l'activité féconde ?
C'est par lui seul que l'homme est souverain
[du monde.

XXX

Le premier salaire du travail, c'est le contentement de soi-même.

XXXI

Le travail entretient le cours régulier des idées, donne l'habitude de la suite, de la persévérance et de l'activité.

XXXII

La paix du cœur, la vigueur d'esprit, la santé même sont des fruits du travail.

XXXIII

Le travail donne tout son charme au repos, dont il fait mieux goûter la douceur.

XXXIV

Le travail est le père de l'épargne et, par suite, de la richesse et de la propriété.

XXXV

Qui voudrait gaspiller l'argent qu'il a eu la peine de gagner ?

XXXVI

Deux choses sont capitales à propos de tout travail : savoir commencer et savoir finir.

XXXVII

L'apathie ne sait jamais commencer, c'est l'œuvre de l'activité et de l'ardeur.

XXXVIX

L'inconstance ne sait pas finir, c'est l'œuvre de la persévérance.

XL

Ardeur et persévérance, voilà les deux vertus des travailleurs.

XLI

La persévérance vient à bout de tout.

XLII

Par le travail, amis, nous renverrons bien loin.

Trois maux affreux, l'ennui, le vice et le besoin.

XLIII

C'est par la paresse que l'ennui et la misère, ces deux fléaux terribles, sont entrés dans le monde

XLV

L'ennui qui accompagne l'oisiveté fait dégénérer en vices la plupart de nos habitudes.

XLVI

Les plus malheureux des hommes sont ceux

que les faveurs de la fortune condamnent à tuer le temps.

XLVII

La justice ne trouve pas les malfaiteurs parmi les travailleurs.

XLVIII

Ce n'est pas à l'atelier, c'est au cabaret qu'elle les rencontre presque toujours.

XLIX

Le travail est la condition du bonheur pour l'homme.

L

Les récompenses naturelles du travail sont : le contentement de soi-même, la satisfaction de ses besoins, de ses désirs, l'aisance et la richesse.

LI

L'oisiveté déshonore l'homme, le dégrade, le conduit à tous les désordres.

LII

C'est pour tout homme un devoir essentiel de consacrer au travail la plus grande part de son temps, et de ne considérer le repos que comme un moyen d'acquérir de nouvelles forces pour un nouveau travail.

LIII

La paresse est comme la rouille, elle use plus que le travail.

LIV

De toutes les espèces d'animaux nuisibles, je n'en connais pas de plus dangereuse que l'espèce des oisifs.

CUVIER.

LV

Nous ne recevons l'existence
Qu'afin de travailler pour nous ou pour autrui,
De ce devoir sacré quiconque se dispense,
Est puni de la Providence
Par le besoin ou par l'ennui.

FLORIAN.

LVI

S'occuper, c'est savoir jouir ;
L'oisiveté pèse et tourmente,
L'âme est un feu qu'il faut nourrir,
Et qui s'éteint s'il ne s'augmente.

VOLTAIRE.

LVII

C'est la santé qui donne leur prix aux autres biens matériels, et on ne la conserve que par le travail et la tempérance.

LVIII

Enfant, le travail et le jeu ne sont pas si différents que tu le crois : pour jouer comme pour travailler, il faut de l'activité, parfois même de la peine ; et il n'est pas plus difficile d'apprendre à faire des choses utiles que des choses inutiles. La seule différence c'est que le jeu est le plaisir d'un moment, tandis que le travail prépare le bonheur de toute la vie.

BRUNO.

LIX

L'oisiveté nous lasse plus promptement que le travail.

LX

Dieu a placé le travail comme sentinelle de la vertu.

LXI

L'homme actif veille à tout, étend ses soins surtout ; il ne perd pas un moment ; il croit n'avoir rien fait tant qu'il lui reste quelque chose à faire.

LXII

Ne remets jamais à demain ce que tu peux faire aujourd'hui.

LXIII

Le temps, ce bien précieux, est comme l'argent ; ne le dépensez pas mal à propos.

LXIV

Si vous aimez la vie, ne prodiguez pas le temps, car c'est l'étoffe dont la vie est faite.

LXV

Le goût du jeu, fruit de l'avarice et de l'ennui, ne prend que dans un esprit et un cœur vides.

LXVI

Perdre le temps à des occupations frivoles, quel travers ! le perdre à jouer, quelle folie !

LXVII

Dans quelque situation que tu sois, songe que rien ne t'en garantit la durée. Prends l'habitude du travail, non seulement pour te suffire à toi-même sans un service étranger, mais pour que ce travail puisse pourvoir à tes besoins et que tu puisses être réduit à la pauvreté sans l'être à la dépendance. Quand même cette ressource ne te deviendrait jamais nécessaire, elle te servira du moins à te préserver de la crainte, à soutenir ton courage, à te faire envisager d'un œil plus ferme les revers de la fortune qui pourraient te menacer. Tu sentiras que tu peux absolument te passer des richesses, tu les estimeras moins. Tu seras plus à l'abri des malheurs auxquels on s'expose pour en acquérir ou par crainte de les perdre.

LXVIII

Aide-toi, le ciel t'aidera.

PROVERBES

I

Paresseux, va vers la fourmi, regarde ses voies et deviens sage ; elle n'a point de chef, de commissaire, de gouverneur ; cependant, elle prépare en été son pain, elle amasse pendant la moisson sa nourriture pour l'hiver.

II

Jusques à quand, ô paresseux ! resteras-tu couché ?

Quand sortiras-tu de ton sommeil ?

Tandis que tu t'accordes encore un peu de sommeil, un peu d'assoupissement, un peu de croisement de mains sur ta couche, ta pauvreté s'avance comme un voyageur, et ton indigence comme un homme armé d'un bouclier!

(VI, 6-9).

III

L'âme du paresseux est pleine de désirs, mais elle n'est satisfaite en rien.

(XIII, 4).

IV

La main des diligents dominera, mais la main paresseuse sera tributaire.

(XII, 24).

V

Le chemin du paresseux est comme une haie d'épines.

(XV, 19).

VI

Le paresseux ne laboure pas à cause du mauvais temps, et il mendie durant la moisson, mais il n'obtient rien.

(xx, 4).

VII

Les désirs du paresseux le tuent, parce que ses mains refusent de travailler. Tous ses jours se perdent en souhaits.

(xxi, 25).

VIII

J'ai passé près du champ d'un paresseux, près de la vigne d'un homme sans cœur, et voici que tout y était monté en chardons, les orties en recouvraient la surface, et le mur de pierre en était renversé.

Je considérai ce spectacle ; j'en mis l'image dans mon cœur, j'en tirai la morale que voici :

Tandis que le paresseux s'accorde encore un peu de sommeil, un peu d'assoupissement, un un peu de croisement de mains sur sa couche, sa pauvreté s'avance comme un voyageur, et son indigence comme un guerrier.

(XXIV, 30).

IX

La main paresseuse appauvrit. La main diligente enrichit.

(X, 4).

X

Ce qu'est le vinaigre pour les dents et la fumée pour les yeux, tel est le paresseux pour ceux qui l'emploient.

(X, 26).

XI

Celui qui travaille son champ aura du pain pour se rassasier.

(XIII, 11).

XII

La paresse produit l'assoupissement, et l'âme paresseuse souffre de la faim.

(XIX, 15).

XIII

Celui qui néglige son ouvrage est le frère de celui qui le détruit.

(XVIII, 9).

XIV

La femme héroïque règle le train de sa maison, et ne mange pas le pain de la paresse.

(XXXI, 30).

XV

L'âme du travailleur travaille pour lui.

(XVI, 26).

XVI

L'homme est né pour le travail comme les oiseaux pour voler.

(JOB, V, 7).

XVII

C'est un bonheur pour l'homme que de pouvoir vivre du fruit de son travail.

(ECCLES., II, 24).

XVIII

Délicieux est le sommeil du travailleur, soit

qu'il mange peu ou beaucoup ; tandis que l'abondance du paresseux ne le laisse point dormir.

(Eccles, v, 12).

FABLES

Le Laboureur et ses Enfants

Travaillez, prenez de la peine :
C'est le fonds qui manque le moins.
Un riche laboureur, sentant sa fin prochaine,
Fait venir ses enfants, leur parla sans témoins,
Gardez-vous bien, dit-il de vendre l'héritage
Que nous ont laissé nos parents
Un trésor est caché dedans.
Je ne sais pas l'endroit, mais un peu de courage
Vous le fera trouver : vous en viendrez à bout.
Remuez votre champ dès qu'on aura fait l'août (1):
Creusez , fouillez, bêchez, ne laissez nulle place
Ou la main ne passe et repasse.
Le père mort, les fils vous retournent le champ,
Deçà, delà, partout, si bien qu'au bout de l'an

(1) Le temps de la récolte.

Il en rapporta davantage.
D'argent, point de caché. Mais le père fut sage
De leur montrer, avant sa mort,
Que le travail est un trésor.

LAFONTAINE.

La Guenon, le Singe, la Noix

Une jeune guenon cueillit
Une noix dans sa coque verte
Elle y porte la dent, fait la grimace: Ah certes !
Dit-elle, ma mère mentit
Quand elle m'assura que les noix étaient bon-
[nes ;
Puis, croyez aux discours de ces vieilles person-
[nes
Qui trompent la jeunesse ; au diable soit le
[fruit !
Elle jette la noix, un singe la ramasse,
Vite entre deux cailloux, la casse,
L'épluche, la mange et lui dit :
Votre mère eut raison, ma mie,
Les noix ont fort bon goût, mais il faut les ou-
[vrir.
Souvenez-vous que dans la vie,
Sans un peu de travail, il n'est pas de plaisir.

La Cigale et la Fourmi

La Cigale ayant chanté
Tout l'été,
Se trouva fort dépourvue
Quand la bise fut venue.
Pas un seul morceau
De mouche ou de vermisseau.
Elle alla crier famine
Chez la fourmi, sa voisine,
La priant de lui prêter
Quelques grains pour subsister
Jusqu'à la saison nouvelle,
Je vous paîerai, lui dit-elle,
Avant l'août, foi d'animal,
Intérêt et principal.
La fourmi n'est pas prêteuse,
C'est là son moindre défaut :
Que faisiez-vous au temps chaud,
Dit-elle à cette emprunteuse ?
— Nuit et jour à tout venant
Je chantais, ne vous déplaise;
— Vous chantiez ! j'en suis fort aise ;
Hé bien ! dansez maintenant !

LAFONTAINE.

L'abeille et le Limaçon

Un limaçon disait l'autre jour à l'abeille :
Dès le matin,
Sur ce jasmin,
Ou bien sur la rose vermeille,
Tu voltiges, gaîment, puis tu viens t'y poser,
Et seule jusqu'au soir tu parais t'amuser,
Que ton sort est digne d'envie !
Hélas ! malheureux limaçon,
Dans un jardin, dans la prairie,
Ou dans une étroite maison,
L'hiver, l'été, bref, en chaque saison
Partout je baille et je m'ennuie ;
Apprends-moi donc, dès aujourd'hui,
Comment tu fais pour éviter l'ennui,
Dis-moi ton secret, je te prie.
— Oh ! je vais te le confier ;
A retenir il n'est pas difficile :
Je travaille et toujours je sais me rendre utile,
Voilà le vrai moyen de ne pas s'ennuyer.

Mme DE LA FÉRANDIÈRE.

Le Vacher et le Garde-Chasse

Colin gardait un jour les vaches de son père,
Colin n'avait pas de bergère,
Et s'ennuiyait tout seul. Le garde sort du bois :
Depuis l'aube, dit-il, je cours dans cette plaine,
Après un vieux chevreuil que j'ai manqué deux [fois,
Et qui m'a mis tout hors d'haleine.
— Il vient de passer par là-bas,
Lui répondit Colin : mais, si vous êtes las,
Reposez-vous, gardez mes vaches à ma place,
Et j'irai faire votre chasse;
Je réponds du chevreuil. — Ma foi, je le veux [bien :
Tiens, voilà mon fusil, prends avec toi mon [chien,
Va le tuer. Colin s'apprête,
S'arme, appelle Sultan. Sultan, quoiqu'à regret,
Court avec lui vers la forêt.
Le chien bat les buissons : il va, vient, sent, arrête
Et voilà le chevreuil... Colin, impatient,
Tire aussitôt, manque la bête,
Et blesse le pauvre Sultan.

A la suite du chien qui crie,
Colin revient à la prairie,
Il trouve le garde ronflant ;
De vaches point ; elles étaient volées.
Le malheureux Colin, s'arrachant les cheveux,
Parcourt en gémissant les monts et les vallées.
Il ne voit rien. Le soir, sans vaches, tout hon-
[teux,
Colin retourne chez son père,
Et lui conte en tremblant l'affaire.
Celui-ci, saisissant un bâton de cormier,
Corrige son cher fils de ses folles idées.
Puis lui dit : *Chacun son métier,*
Les vaches seront bien gardées.

FLORIAN.

La Mort

La Mort, reine du monde, assembla, certain jour,
Dans les enfers toute sa cour.
Elle voulait choisir un bon premier ministre
Qui rendit ses États encor plus florissants.
Pour remplir cet emploi sinistre,
Du fond du noir Tartare avancent à pas lents

La Fièvre, la Goutte et la Guerre.
C'étaient trois sujets excellents ;
Tout l'enfer et toute la terre
Rendaient justice à leurs talents.
La Mort leur fit accueil. La Peste vint ensuite.
On ne pouvait nier qu'elle n'eût du mérite,
Nul n'osait rien lui disputer ;
Lorsque d'un médecin arriva la visite,
Et l'on ne sut alors qui devait l'emporter.
La Mort même était en balance :
Mais les vices étant venus,
Dès ce moment la Mort n'hésita plus ;
Elle choisit l'*Intempérance*.

FLORIAN.

Les deux Jardiniers

Deux frères jardiniers avaient par héritage
Un jardin dont chacun cultivait la moitié ;
Liés d'une étroite amitié,
Ensemble ils faisaient leur ménage.
L'un d'eux, appelé Jean, bel esprit, beau parleur,
Se croyait un très grand docteur ;
Et Monsieur Jean passait sa vie
A lire l'almanach, à regarder le temps,
Et la girouette et les vents.

Bientôt, donnant l'essor à son rare génie,
Il voulut découvrir comment d'un pois tout seul
Des milliers de pois peuvent sortir si vite ;
Pourquoi la graine du tilleul,
Qui produit un grand arbre, est pourtant plus petite
Que la fève, qui meurt à deux pieds du terrain ;
Enfin par quel secret mystère,
Cette fève, qu'on sème au hasard sur la terre,
Sait se retourner dans son sein,
Place en bas sa racine et pousse en haut sa tige.
Tandis qu'il rêve et qu'il s'afflige
De ne point pénétrer ces importants secrets,
Il n'arrose point son marais ;
Ses épinards et sa laitue
Sèchent sur pied : le vent du nord lui tue
Ses figuiers qu'il ne couvre pas.
Point de fruits au marché, point d'argent dans la bourse,
Et le pauvre docteur, avec ses almanachs,
N'a que son frère pour ressource.
Celui-ci, dès le grand matin,
Travaillait en chantant quelque joyeux refrain,
Bêchait, arrosait tout du pêcher à l'oseille.
Sur ce qu'il ignorait sans vouloir discourir,
Il semait bonnement pour pouvoir recueillir,

Aussi dans son terrain tout venait à merveille ;
Il avait des écus, des fruits et du plaisir.
    Ce fut lui qui nourrit son frère ;
    Et quand Monsieur Jean tout surpris
S'en vint lui demander comment il savait faire :
— Mon ami, lui dit-il, voici tout le mystère :
    Je travaille, et tu réfléchis ;
    Lequel rapporte davantage ?
    Tu te tourmentes, je jouis ;
    Qui de nous deux est le plus sage ?

FLORIAN.

Le Charretier embourbé

Le Phaéton d'une voiture à foin
Vit son char embourbé. Le pauvre homme était
[loin
De tout humain secours : c'était à la campagne,
Près d'un certain canton de la basse Bretagne
    Appelé Quimper-Corentin.
    On sait assez que le Destin
Adresse là les gens quand il veut qu'on enrage.
    Dieu nous préserve du voyage !

Pour venir au chartier embourbé dans ces
[lieux,
Le voilà qui déteste et jure de son mieux,
Pestant en sa fureur extrême,
Tantôt contre les trous, puis contre ses chevaux,
Contre son char, contre lui-même.
Il invoque à la fin le dieu dont les travaux
Sont si célèbres dans le monde :
— Hercule, lui dit-il, aide-moi; si ton dos
A porté la machine ronde,
Ton bras peut me tirer d'ici.
Sa prière étant faite, il entend dans la nue
Une voix qui lui parle ainsi :
Hercule veut qu'on se remue.
Puis il aide les gens. Regarde d'où provient
L'achoppement qui te retient ;
Ote d'autour de chaque roue
Ce malheureux mortier, cette maudite boue
Qui jusqu'à l'essieu les enduit ;
Prends ton pic, et me romps ce cailloux qui te
[nuit,
Comble-moi cette ornière. As-tu fait? Oui, dit
[l'homme.
Or, bien je vais t'aider, dit la voix : prends ton
[fouet. —

Je l'ai pris... Qu'est ceci ? mon char marche à [souhait !
Hercule en soit loué ! Lors la voix : Tu vois [comme
Tes chevaux aisément se sont tirés de là.
Aide-toi, le ciel t'aidera.

LAFONTAINE.

TABLE DES MATIÈRES

Avignon. — Imprimerie et librairie Seguin frères.

www.ingramcontent.com/pod-product-compliance
Ingram Content Group UK Ltd.
Pitfield, Milton Keynes, MK11 3LW, UK
UKHW012046240726
13965UKWH00003B/1079